멜론을 하시겠어요

송미숙 시집

시인동네 시인선 243 　　　　　　　　　송미숙 시집

멜론을 하시겠어요

시인동네

시인의 말

아무도 모르게 바다로 갔다.
바다는 파도를 일으켰다 사라지고

여기는 여전히 어두운데
바다는 은빛으로 물들고 있었다.

그곳에서 누군가 한참을 머무른 듯
고요가 깊었다.

어디에도 없는 아무도 아닌 사람
누군가 나타났다 사라지는

2024년 11월
송미숙

차례

시인의 말

제1부

종이상자 · 13
야생 멧돼지 지코 · 14
스프링클러 · 16
예쉐렌의 가방 · 18
부석(浮石) · 20
우울 · 21
추락하는 가방 · 22
어떤 것은 · 28
분짜를 기다리며 · 30
어떻게 해도 · 32
나, 라는 말을 들었다 · 34
눈 · 36
끈 · 38
신도림역 · 40

제2부

종이상자 A · 43

처서 · 44

달루 · 46

매표소 · 48

아무도 모르게 · 50

소음 · 52

이웃사촌 · 53

컨테이너 · 54

제설 · 56

포도의 계절 · 58

박물관으로 오세요 · 60

서핑 · 62

석관동 · 64

제3부

종이상자 B · 67

농게 · 68

악어 · 70

새장 · 72

무덤 새가 되었다 · 74

웃으면 돼지 · 76

마늘 · 78

마늘밭 · 79

ㅁ · 80

줄광대 · 83

함박눈 그치고 · 84

양말 · 86

ㅇ · 88

제4부

종이상자 K · 91

멜론이 그러하다 · 92

쇼룸 · 94

오늘의 요리 · 96

저기요, 알감자 · 98

사라세니아 푸푸레아 · 100

모서리 · 102

먼저 나는 · 104

비에게도 인사를 · 106

물에 핀 프리지어가 있는 오후 · 108

서해에서 일박 · 110

열대야 · 112

해설 파열의 언어, 혹은 비대칭의 시학 · 113
  오민석(문학평론가·단국대 명예교수)

제1부

종이상자

 종이상자를 접으며 이 상자로 무엇을 할 수 있을까 당신이 생각할 때 골목은 사라지고 남은 것은 없었는데 어깨가 좁고 등이 굽은 거리마다 종이상자로 보인다고 어디론가 사라지는 종이를 거실에 펴 놓고 사거리 어떤 꿈을 바라보던 당신 곰 눈알 붙이기 3원 청첩장 접기 2원 종이상자 접기 50원인데 언제나처럼 비가 내리고 입고 벗는 일에 남는 것이 있을까 아침이 올까 신호등을 가만가만 깜박이는 상자를 쌓아 올리는 어깨가 부딪는 사람의 일이 아니라고 골목 어귀 지하 어디쯤 큰비 와도 이대로 쌓아두자 말하던

야생 멧돼지 지코

야생 멧돼지 지코는
상트페테르부르크 문화회관 현관 중앙에 서 있었다

현관 중앙으로 아리아가 울려 퍼졌고
입구 주변에 화환이 나란히 세워져 있었다
야생 멧돼지 지코 뒤로 출입문이 스르르 닫히고

달콤한 향기가 현관 중앙에 훅 끼쳤다
상트페테르부르크 문화회관 정문 밖 가로등이
가지만 남은 느릅나무와
멀리 키 낮은 집들을 조금씩 비추고 있었다

야생 멧돼지 지코는
수피가 벗겨진 나무의 기분으로 아리아를 들었기에
야생을 이해했으며
왼쪽 가슴을 도려낸 어떤 감정에 이르렀다

야생 멧돼지 지코는 야생이란 본래 없던 것이며

지금껏 들어온 새들의 지저귐 또한 아리아의 한 구절이었음을
깨닫게 되었다

출입문이 돌아가다 소리 내며 멈추고
사이렌을 울리며 달려오는 소방차조차
아리아의 한 구절처럼 느껴졌다

굶주린 지코는 상트페테르부르크 문화회관 현관에 서 있었다
입안에 침이 고이고
지코는 아리아를 들으며 화환 속으로 천천히 들어갔다

현관에 꽃잎이 어지럽게 흩어졌으나
지코를 본 사람은 아무도 없었다

스프링클러

너에 대해 생각하는 나의 오후
젖지 않으려는 오후와
젖으려는 오후가 뿔뿔이 돌아가요

마른 잔디가 젖은 잔디를 보면
오후가 벌써 온 것 같고
젖은 잔디가 마른 잔디를 바라보면
오후가 이미 간 것 같아서

층층마다 물방울이 맺히고
물줄기가 뿔뿔이 돌아가요

오후가 투명해져요
층층마다 사방이 투명해져요

조용한 잔디는 어디에도 없고
조용한 잔디는 어디에서도 없어 본 적이 없고

젖은 날씨가 벌써 오는 것인지
마른 날씨가 이미 가는 것인지

오후는 어디로 사라지는지
오후가 어떻게 분질러지고 저렇게 흩어지는지
어쩌지 못하고 계속 돌아가는지

너에 대해 생각하는 나의 오후
잔디는 번지고 있어요

예쉐롄의 가방

시먼역에 도착한 예쉐롄은 가방 가게에 들어갔다
진열대 끝에 매달린 가방이 눈길을 끌었다
여행 가방으로 쓰기엔 작고
책가방으로 쓰기에는 조금 큰

예쉐롄은 가방을 살펴보고 있다
시먼역에 도착해서 제일 먼저 가방 가게에 들어와
이번에는 제일 맘에 드는 가방이 들어왔을까 기대를 하고

눈길을 끄는 가방이 있었다
숫자로 된 버클 가방이었는데 예쉐롄은 마음에 들었다
그의 생일과 같은 1이라는 숫자가 새겨진 버클이었다
무엇보다도 그는 태어남을 자랑스럽게 여겼다

예쉐롄은 가방에 마음을 두고 있지만 이름을 새기기 전에 망설였다
그 가방으로 여행하기에는 고향으로부터 너무 멀리 왔고
그 가방으로 학교에 가기에는 너무 늦어서

예쉐렌은 망설인다
한참을 시먼역에서 떠나지 못했다

예쉐렌의 가방 가게는 시먼역에 있는데
그는 가방을 가져본 적이 없어서 여전히 망설인다

예쉐렌은 여행이란 아무 쓸모가 없다고 생각한다
그래서 시먼역을 떠난 적이 없고
예쉐렌은 학교에 다녀본 적이 없다

예쉐렌 대신 그의 아내가 여행 가방을 들고 떠나고
예쉐렌 대신 그의 아들이 여전히 학교에 다니고 있다

부석(浮石)

돌이 물에 떠 있다. 구멍이 있는 돌답게 물에 떠 있다. 뒤꿈치를 밀다 보면 어느새 물에 떠 있다. 돌이 멋대로 욕조 안에서 떠다닌다. 욕조에 몸을 담근다. 편두통에 좋다는 제주도 돌과 나는 욕조 안에서 뜬다. 유명세를 치르는 돌도 있고 유명세를 타지 않는 돌도 있다. 돌에 따라 구멍이 여러 개 나 있는 돌도 있고 구멍이 한 개 나 있는 돌도 있다. 구멍이 많아 두통에 효과적이라는 돌을 머리통 왼쪽에서 문지르다가 머리통 오른쪽을 문지른다. 머리통이 아프다. 방금 전까지 머리통이었을 돌을 생각한다. 손에서 놓친 돌이 뜬다. 앗, 하고 돌은 구르고 급기야 돌은 떨어진다. 땟물에 뜨는 돌, 때가 낀 돌, 이제 막 머리통이 되어 뜨는 것 같고 이미 머리통이 된 것 같은 돌, 손에서 놓친 돌이 돌의 가벼움을 생각한다. 돌의 구멍 속으로 들어갔다가 다시 나오는 두통. 돌의 구멍 밖에서 서성이는 두통도 있고 돌 안에 박혀 나오지 않는 두통도 있다. 욕조의 마개를 열자 물살을 따라 두통이 빠르게 번진다. 안쪽에 검은 땟자국을 남기며 욕조는 가라앉는다. 두통의 주인공을 기다리고 있다.

우울

가방 속으로
가방이 들어온다

가방을 열어보면
가방이 있다

저기요,

괜찮아요?

추락하는 가방

1
가방이 어디 있어

장롱이 열리고
잠이 열리고

아직 잠에서 돌아오지 못한
잠으로 되돌아가지 못한 나

엄마가 장롱에 머리를 박고 있다

어디로 간 거지
모자와 벨트가 장롱 밖으로 흘러내리고

여기에 둔 거 같은데, 도대체 어디 간 거니?

시계가 나오고
열쇠가 나오고

증명사진이 나오는데
엄마의 날카로운 목소리가 사라지지 않는다

가방이 어디 있을까
엄마는 찾고 있다

엄마는 다른 것을 찾는 것이 틀림없다

내가 이렇게 가방 속에 있는데
내가 보이지 않는 것을 보면

가방이 어디 있어
중얼거리는 엄마를 본다

말하자면 비밀을 숨긴 엄마의 가방

내가 누군지 알고 있는
자책하는 가방을 본다

2
나는 모르는데요 말하는
가방 속에는 신문이 가득

또야, 또
잊을 만하면 찾아야 하는 건 엄마의 가방

삼 년 전 신문에는
남편이 아내를 죽이고 가방에 넣었다고 하는데

무엇이 가방이고
무엇이 사람인지
모르는데요 말하는 가방을 본다

가방에 다리라도 생겼단 말입니까

엄마는 가방을 찾는다

현장검증을 해야 합니까

신문을 펴서 읽는다

고개 숙인 사람 머리통 위로
구경꾼의 머리통이 올라 서 있다

가방을 찾지 못해서 식은 가방을 본다

저수지 바닥으로
추락하는 가방을 본다

3
선글라스가 들어 있는 핸드백은 아니야

어디에 두었는지 모르는
지퍼가 있는

갈색이고 손잡이가 두 개인
손잡이가 죽은 토끼처럼 늘어져 있는

나를 버린 아빠가
이탈리아에서 사 온 조그만 반달

네 아빠는 죽은 거니?
죽어 버리라지

학원 선생을 만나러 출입문을 열었을 때
낡은 구두보다 먼저 들어온 가방

가방을 찾는다

너무 늦게 엄마를 찾는다

4
보스턴백은 숨이 막힌다고

서류 가방을 산다

보스턴백은 버려야 했습니까
중고시장에 팔았다고 엄마는 병원 문을 연다

고개 숙이면
소파가 젖는다

그러니까 눈물에서 가죽 냄새가 난다는 말입니까
간호사가 나를 부르는 것 같아

유리창이 흐려진다

어떤 것은

폭풍우가 오니 이제 오지 말라던
이빨이 시리다, 라는 말을 자주 하던
사람이 생각나고

비가 내리고 있었다
정차된 버스 안에 있었는데

도로 한쪽은 나무가 휘어져 있었고
그렁그렁 비를 이해하고 싶었다

버스는 출발하지 않았는데
폭풍우가 시작되지 않았는데
방금 헤어진 사람이 흐릿하게 보였다

한 사람이 빗속을 걸어가고 있었다
모르는 슬픔이 남아 있었다
휴지가 버스 바닥에 달라붙어 있었다

바닥에 붙으면 안 되는데
비가 나무를 적시고 건물을 적시고 있다

자주 눈물이 고이고
세워놓은 장우산이 우물을 만들었다

나는 서 있을지 아니면
좀 더 안으로 들어갈지 망설인다

눈이 그렁그렁한 사람이
절뚝이며 걷고 있었다

어떤 것은 다 자란 슬픔 같았다

분짜를 기다리며

웅덩이에 빠진 사람은
운동화가 젖었을 뿐인데

건축 설계를 하는 그가 나의 젖은 옷을 살핀다
노면을 보면서

비가 대단해
괜찮겠어요?
알 수 없는 날씨군

사무실 입구에 음식점 광고지가 흩어져 있다
비가 자꾸 창 안으로 들이치고

호이안 쌀국수 집에 분짜*를 시킨다

   정원과 통하는 창은 개방감을 충분히 고려하여 설계를 하고 또 거실은 가정의 안락감을 우선해야 한다라는 그의 말은 결혼하고 싶다는 말 같고 웃을 때마다 세로로 생겼다 사라지

는 콧등은 그의 진심 같아서 냅킨을 두 번 접어 테이블에 놓고 분짜를 기다린다

    어제도 그를 생각하느라 잠들지 못했다

    볕이 나거나
    폭우가 쏟아지거나

    피라미드 모래를 한 삽 두 삽 떠 자루에 옮겨 담는 인부를 바라보는
    그를 기다리며
    그는 아무것도 모르겠지

    그와 아무 상관 없는
    내 마음이 지속되고 있다

---

* 베트남 쌀국수.

어떻게 해도

사진을 찍으려고 음식을 한다

숯불은 달아오르고 불판이 코팅된다
사진을 찍으려고 기름이 알맞은
양고기를 굽는다

스텐레스 집게로 살점을 굽는다
렌즈를 돌린다
GX7 파나소닉 루믹스야말로 음식 찍기에 만만하지

사진을 찍으려고 살점을 자르고
카메라가 시작된다

연기가 중요해
연기가 공중에 확 퍼지면 끝장이지
만만한 게 연기야

매운 양파, 방울토마토를 같이 구우면

양파인지 토마토인지 알 수가 없다

숯불이 잦아들기를 기다린다
형체가 사라지는 것을 기다린다
조금 지나면 소식이 끊어질 것이다

토마토가 일그러지고
만만한 사진은 없고
연기가 연기 속으로 사라지고 있다

셔터를 멈출 수가 없다
어떻게 해도 말로 설명되는 사진은 없다

나, 라는 말을 들었다

어, 하는 순간 모자는 날아간다

길 위에 뒹구는 모자
공원 저쪽으로 굴러가는 모자를
또 다른 바람이 밀고 있다

어떤 사람이 모자를 쫓아가는데
아는 사람 같았다
이미 죽은

죽은 사람을 생각하다가
죽지 않았다고 생각하다가

어떤 모자이기에 저리 쉽게 날아갈까
나는 그만 일어서려다 의자에서 뒤집어진다

유모차를 밀고 숲길로 들어가는 여자가
안심을 하고

풍선이 버드나무 가지에서
터진 줄 알았지?
멈춰 서는

모자는 멈추지 않고
바람이 다시 불었다
나는 눈을 가늘게 뜨고 멀리 바라본다

어제 지병으로 죽은 사람이
나, 라는 말을 들었다

그때는 바람이 불지 않았고
날아가는 모자도 없었다고 한다

눈

우리나라로 오세요

그냥 말하고 싶어서
다정해질 수 있을 거 같아서
십자가, 물수건, 사탕 두 개와 가입신청서를 내민다

아프리카 아이들이 굶고 있어요
사막에서 모래를 지우듯
꽃이 꽃이었음을 잊을 수 있어야 한다고

눈치가 빠른 사람들이다
설명을 듣는 동안
아픈 눈을 누르면 몇 대의 버스가 지나갔고
신호등이 여러 번 바뀌었다

누군가 나를 위해 기도하는 시간이다
언제쯤 쓸 거냐고
누군가 물어서

양손 모아 눈 지그시 누른다
손가락 끝에서 레몬이 터진다
나는 작아져야 해

안과에 가야 하는데
일어서지도 못하고
지금 꼭 써야 하냐고 묻지 않는다

끈

끈이 얇아지고 있다 검은 개가 끈을 끌고 간다
개가 끈을 끌고 갈 때마다 끈 잡은 손이 팽팽해지고
끈이 얇아지고 있다
거기 서, 그만 서지 못해

롯데마트 가는 길
안양천변 다리를 걸어가는 여자가 있다
검은 개를 끌고 가는 여자가 있다 머리카락이 길게 내려와 출렁이고 허리는 휘었고
개를 끌고 가는

여자는 끌려가고 있다
끈을 버티고 있는 것만으로도 여자는, 조금 당황해도 좋다

개 옆으로 질주하는 차량들
도로의 흰 페인트를 뭉개는 바퀴들

도마뱀 꼬리만큼 얇아지고 있다 개는

꼬리가 가늘어지고 끈이 가늘어지고 끈 잡은 여자가 가늘
어지고

너 왜 그래
끈이 어디론가 이동하고 있다 신호등이 깜박이고 개가 털을
세운다 공중으로 앞발을 올린다 앞발로 공중을 긁는다 끈이
끊어지고 끈 잡은 여자가 고꾸라지고

롯데마트 비닐봉지가 고꾸라진 여자와 뒹군다
개가 공중으로 솟구치고

개가 달려간다
잘린 끈이 달려간다

신도림역

유리창이 깨졌다
유리 파편이 거리 이곳저곳으로 튀었다
사람들은 손을 이마 위에 올리거나
검은 선글라스를 썼다
유리를 피해 걸어도
유리가 부러지는 소리가 났다
투명한 거리가 생겼다
투명하게 걸어 다니는 사람들
눈이 부셨다
앞이 잘 보이지 않아서
열대야가 계속되고 있습니다
역에는 사람이 많고
슬픈 일이 생기지 않아서
거기 좀 조용히 합시다
유리는 어디에도 없었고
슬픈 날은 어디에도 없었다
약속 없이 앉아서
오지 않는 사람을 기다린다

제2부

종이상자 A

 어떤 바람이 부는 대로 어떤 종이상자를 접는 남자가 있다면 그 바람 소리대로 접는 남자가 있다면 접는 대로 접히는 대로 봄이 오고 나무는 자랄 것이라고 그해 추운 겨울 보온병 따스한 두 손이 아픈 두 다리를 끌고 온 나무의 슬픔을 꺼내 보이는 것만으로도 덮어야 할 것이 많아 아무것도 아닌 그저 그런 날이 계속되고 접히는 대로 짙게 닮은 봄이 왔을 텐데 무표정한 무늬가 종이상자를 덮는 힘겨운 통증 가득한 눈 포근한 숲 한가운데에서 종이 남자가 바람 좀 쐬고 올게 소식 없는 남자가 풍경을 지우며 어디론가 걸어가고 있었다

처서

아이가 쏘다닌다
아이가 잔디 위를 지나 소나무 둥치로 숨는 사이
숲이 뛴다
예초기를 돌리면 일어나는 일이다

어디선가 벌이 날아오고
아이가 양팔 벌리고 날 듯 달리며
흰나비를 쫓는 일이다

날개도 없이 날아다니는
나비를 본 적이 있니
비처럼 쏟아지는 벌떼를 본 적 있니

예초기를 돌리고
숨 가쁘게 돌리고 나면
낮아지는 무덤가
죽은 아이를 기다리는 일이다

아빠! 오후에는 비가 내릴 거래요

예초기를 돌리면
여전히 칡넝쿨이 자라고
무덤 위에서 벌떼가
윙윙대고

이렇게 풀잎이
소용돌이치는 일이다
썩어가는 잡목 사이를 돌아오면
숲이 없어지는 일이다

달루

굴삭기가 주차장 안쪽을 파내고
우리는 펜스 바깥 화단에서
달래를 캔다

너는 달래 바구니를 들었고
나는 칼을 들고

달래밭에 칼을 꽂는다

북에서는 달루가 입맛을 달개기요,
말하는 너는 어디에서 왔는지 모르고

재작년에 도려냈던 땅속에서
작년에도 달래가 자라고
올해도 어디선가 무수한 달래가 오고

어디에서 오는지 모르고
끊임없이 발견되는 것을 생각한다

굴삭기가 돌무더기를 훑으며 돌을 들어 올린다
칼이 흙을 들어 올린다

흙을 뒤집으면 뿌리가 딸려 나온다
둥글고 하얀
균형을 잃어버린 세계처럼
여기저기 흙무덤이 생긴다

굴삭기가 처음 본 길을 내고 있다
지렁이가 몸을 틀고 있다

매표소

상부에서 문서 한 장이 내려왔다 어떤 문서에 재고 기록이 있다고
티켓이 자꾸 사라진다고

나는 오늘 12시간 넘게 매표소에서 일했다 궁궐의 밤은 계속해서 이어지고 매표소는 관람객으로 붐볐다 직원들이 퇴근하고 나만 남았다 사라진 티켓을 찾느라 매표소로 창고로 사무실로 분주하게 뛰어다녔다
티켓은 나타나지 않고

봄밤을 뒤덮을 만한 폭풍이 오고 있다는 것도 폭풍이 어디에서 사라진다는 사실도 아무런 문제가 되지 않았다

열쇠로 문을 열기 전까지는

다시 매표소로 들어가 창구에 기대 조금 생각해 보기로 했다 아무것도 눈에 띄지 않았다 알전구에서 빛이 흘러내린다

나는 빛을 쳐다보며 숨죽인 채 앉아 있다
티켓이 조금씩 사라지는 일에 대해서 아무도 아무것도 아는 것이 없었다

그 일에 대해 상부에서 경위서를 요구했다

구석에서 이상한 소리가 났다 자세히 보니 털이 짧은 개가 구석에 웅크리고 앉아 있다 종이가 흩어져 있다 바짝 마른 개는 소리 없이 티켓을 삼키고 있다 개 옆에는 채 씹히지 않은 티켓 쪼가리가 여기저기에 흩어져 있다

검은 개가 나를 보고 놀라지 않고 유유히 빠져나갔다

출입문이 벽에 탁 부딪힌다
폭풍이 몰려오고 있다

아무도 모르게

유리라서 언제나 갈아 낄 수 있는

관람객이 매표소 앞에 줄지어 있다
기다리다가 지루해져

일본 여자는 그녀의 얼굴을 찍는다
노크 없이 마주한 사람처럼

어느 여행자 유튜브에서 본 적이 있다
나만 알 수 있는
어느 사진 속에 있는
나의 모습을

일본 여자가 한국말로 묻는다
여기는 어디입니까?

너도 모르고 나도 모르는
행인

온 힘을 다해
아무도 모르게 있다
작은 침방울과 겹쳐 있다

손가락으로
손바닥으로 만든 쪽지문 세계에

소음

　이웃과 이웃 사이에 계단이 있다 위층에는 주인이 외출해서 개가 주인인 개가 있고 아래층에는 위층을 바라보며 개를 생각하는 내가 있다 개와 나 사이에는 계단이 이웃한다 나는 오늘 계단이고 싶다 개가 나의 천장에서 바닥을 긁고 있다 이웃은 낑낑거리고 쿵쾅거리고, 이웃한다 이웃이 가까워지고 이웃은 이웃이 올라가는 것을 잠시 주저한다 나는 오늘 계단이고 싶은 마음으로 자전거가 있고 개 목줄이 있는 계단에 앉는다 이웃이 짖고 계단이 늘어나고 있다 계단이 자전거를 향해 짖고 있다 자전거 바퀴가 계단을 돌고 자전거가 다른 이웃에게 호소하고 있다 계단은 서로 당기면서 계단이 아닌 계단을 생각한다 위층과 아래층을 오가는 층계참의 또 어떤 계단, 이웃은 오르는 계단에게 오르지 않는 계단에게 망설인다 이웃은 낑낑거리고 이웃은 긁는다 개가 짖을 때마다 이웃한 빌라도 짖는다 계단은 이웃하지 않은 것까지 이웃한다 이웃 천장에는 목줄 없는 개가 여전히 바닥을 긁고 있다 나는 개 목줄을 두 손으로 움켜쥐고 어디론가 달리기 시작한다 낑낑거리던 빌라가 으르렁거리고 있다

이웃사촌

　요 며칠 새 고양이가 몇 마리 죽었어 누가 사체를 검정비닐에 싸 문손잡이에 걸어 놓았다고 빌라에 신고가 들어와서 순찰 중이었지 옥탑방은 커튼으로 늘 닫혀 있었는데 어제는 커튼을 확 젖혔더라고 내가 올라갔을 때 침대가 구석에 놓여 있었지 홑겹 이불 그거 있잖아 죽은 사람 눌러 넣는 마대 같은 돌돌 말아 침대 끝에 옷이랑 엉켜 있더라니까 머리를 노랗게 염색한 사내 녀석이 한 열일곱 살쯤 되었을까 아니 스무 살 아니 요즘 애들은 나이를 알 수가 있어야지 사내 녀석은 문신 한 팔을 양쪽으로 접어 누워 있고 끈만 달랑 있는 민소매 입은 계집애가 눈물을 흘리며 창밖을 바라보고 있더라고 고양이가 죽었어 내 고양이가 죽었어 질질 짜대 그러고 보니 고양이가 안 보여 스핑크스 고양이었어 털이 매끈한 루루라고 했던가 가슴에 안고 다녔어 징그럽게 이뻤지 밥을 먹으러 나올 때 보면 이유 없이 이쁘더라고 자꾸 질질 짜대니까 사내 녀석이 침대에서 벌떡 일어나 주먹으로 벽을 치더니 그런 일은 아주 흔한 일이야 라고 말하더라고 그때 사내 녀석이 범인이라는 것을 알았지 그게 바로 나였으니까

컨테이너

그리고 칠월이 왔다
비가 가끔 내렸고
컨테이너는 축축했다

컨테이너 한쪽에 벽이 있고
양팔을 벌리면 벽 한가운데 벽시계가 있고

그리고 벽시계는 멈췄다

창구 앞에 앉은 나에게
나는 원리원칙주의자다, 라고 캄티앙이 말한다
나의 업무담당자이고
그리고 필리핀에서 왔다고

나는 운동화를 구겨 신고 뛰었다
거미를 죽일수록 거미줄은 촘촘했다
거미 잡는 방법을 검색하면서
컴퓨터를 로그아웃했다

캄티앙의 방식대로 전등을 끄고
순서대로 볼펜과 호치키스를 쓸어 서랍에 넣었다

판매 수량을 장부에 정리하고
원리원칙주의자처럼 행동했지만

너를 죽여 버릴 거야,
붉은 줄을 죽죽 그으며
죽은 사람이 자주 찾아왔다

꿈에도 여전히 비가 왔고
꿈으로 캄티앙이 자주 찾아왔다

제설

이쪽으로 길을 내자

폭설이 내리고
누가 눈 밟기 전에 길을 내자

넉가래로 민다
안에서 밖으로 눈이 넘친다

눈이 갈라지며 길이 생기고
눈 밟은 발자국이 나타난다

나보다 먼저 눈을 만난 사람
나보다 먼저 겨울에서 온 사람

발자국만 남기고
다시 태어나는 기분으로 길을 내자

코끝이 빨개져 모자를 턴다

목장갑을 끼고 눈삽을 잡는다

신미래여행 관광버스가 주차장으로 들어온다
바퀴 자국 위에 다시 눈이 내리고
어떤 사람 어깨에 눈 내리고

와 이렇게 큰 광장은 처음이야
아무도 밟지 않은 곳으로 걸어가고 싶어
동남아 여행객이 몰려오고 있다

눈에 누워볼래?
눈을 치워도 눈이 내리는데

눈은 처음이야, 세상에
온 세상이 길이야

포도의 계절

 이른 아침 매표소 문을 연다 실내는 아직 검고 조용하다 어디선가 포도 냄새가 나 어제 간식으로 포도알을 먹다가 더 먹고 치운다는 게 그만 출입문을 닫았어 무엇이든지 썩어나는 여름이었거든 여름은 정말 지긋지긋해 철판 지붕은 달궈질 대로 달궈지고 썩는 것들투성이야 문이 그대로인 것이 다행이야 밤새 포도가 썩었겠지 포도가 신경 쓰였지만 그대로 퇴근했고 나는 지금 포도를 찾아야 한다 슬리퍼로 갈아 신는다 지금은 포도의 계절 내 어릴 적 포도나무가 생각나 아버지의 포도가 주렁주렁 열렸지 잎사귀는 말라가고 포도가 포도밭을 검게 물들였지 조용히 흔들리는 넝쿨 속 고랑에는 고라니가 살았어 이른 아침이면 덫에 걸린 고라니를 끌어냈어 다리가 부러져 죽어가고 있어 포도밭에서 썩지 않은 것이 다행이야 아버지는 냉정하게 말하고 포도밭으로 들어갔어 그럴 수밖에 없는 것이 포도 농사를 망쳤거든 그렇게도 많은 포도가 썩어버렸거든 아버지가 병원에서 여름을 보내는 동안 포도가 송이째 썩어버렸거든 나는 조금 생각에 잠긴다 썩은 포도를 찾다가 아버지가 생각난 것은 여름 때문일지 모르며 포도의 계절에는 포도를 먹어야지 나는 플라스틱 빗자루를 들고 썩은 포도를 찾는다 티켓 박스를 밀치고 영수증 박스를 밀치자 고라니가 튀어나온다 포도알을 먹던 고라니가 의자 밑을 달리고 캐비닛을 지나 덤벼들고 있다 나는 빗자루를 힘껏 내리쳤다 그 바람에 스탬프 잉크가 엎어졌다 여름은 정말 지긋지긋해

박물관으로 오세요

굴렁쇠를 굴리러 박물관에 간 것은 아니었다

고리에 고리를 끼우고 중심을 잡으세요
오른손으로 고리를 잡고

굴렁쇠가 부딪치며 소리를 낸다
굴렁쇠와 한 몸이 되었다고 상상해 보세요

박물관에는 어제 못 본 부채가 펼쳐 있고
사람들이 쓰다 만 손때 묻은 그릇이
아직 전시되어 있어서

나는 굴렁쇠를 굴린다
화단을 지나고 벼락 맞은 감나무도 지나고
중국 사람이 굴렁쇠를 던진다

뭐라 말해요
어디서부터 시작인지 모르는 날이 끝나지 않는데

어떤 것은 깨지고 어떤 것은 녹슨 채
굴렁쇠와 넘어진다

뭐라 말할 수 없잖아요
나는 굴렁쇠를 굴린다
원리도 모르면서
중국 사람이 버스에 오른다

박물관으로 오세요
박물관으로 가지 않고
나는 굴렁쇠를 일으키고 있다

서핑

인형 뽑으러 와서
그는 인형을 뽑지 않는다

가만히 앉아

인형을 뽑는 사람을 바라보거나
모임 때문에 일찍 나온 사람에게
부서 모임에 가기 싫은 사람에게

말을 거는 사람이다

인형을 뽑는 사람에게
벌써 오셨어요?
오늘 모임은 단체 사진만 찍으면 됩니다

말을 하는 사람이다

인형 속에 앉아서

무언가를 기다리는 사람이다

뭔지 모를 속마음을 말하는 것 같았는데
말하지 않고
묵묵히

인형을 뽑지 못한 사람도
인형을 뽑은 사람도

단체 사진이 잘 나왔습니다
갈고리에 걸린 인형이 어둠을 통과하고
갈채를 받는

사람을 실천하는 그런 인형이다

석관동

 공원은 언제나 붐빈다 산책로를 빠져나오자 광장이 펼쳐진다 자주 오는 공원이지만 오늘은 무엇을 기념해도 좋은 날, 강아지와 유모차, 잎사귀들, 반짝이는 햇살 까마귀도 있다 이렇게 살아 움직이는 것이 많다니 나는 공원 의자에 앉아 지나가는 구름을 본다 일자리를 잃었다 쫓겨났다고 생각했는데 어제 사장은 언제든지 가게를 열면 다시 오라고 했다 시내 아르바이트를 한 지 6개월 적자투성이 가게, 언제라도 쫓겨날 거라 생각이 들었지만 사장은 다음에 다시 오라고 했다 다만 아무 생각 없이 강아지와 유모차 잎사귀를 따라 테이크아웃 컵을 든 무리가 지나가고 걸음이 느린 까마귀를 걸음이 느린 할머니가 따라가고 나무들 사이로 사라진다 하루가 끝날 것 같지 않은 날 햇살은 더 눈부시다 나는 구름이 가는 방향을 바라보다 의자에서 일어선다 오늘은 내가 죽기로 작정한 날, 지나가는 남자가 묻는다 석관동으로 가는 버스는 어디서 타죠?

제3부

종이상자 B

　종이상자를 선물 받은 기억으로 아침이 오면 담요를 꺼내며 그저 춥고 아픈 당신 자작나무 버티고 선 우체국 너머엔 아무도 보지 않은 이파리가 마르고 다시 볼 수 있을지 눈 내리지 않는 겨울 책과 엽서 사이 여기는 스위스 국경지대야 자작나무 숲에서 찍은 거야 누구의 것이 아니어서 춥고 아픈 의자 흰 눈을 밟고 자라는 자작나무 오래 그리운 흰 눈 같은 호수 옆 따뜻한 자작나무 속으로 부스러지는 부드러움 같은 것이

농게

바닷물이 할퀴고 간 개흙은 겉보기에 말랑거렸다

농게 잡으러 가요
조심해야 해 어둠 속에서는

그러자 했고

손전등을 들고 그믐 바다로 간다 개흙에서 농게는 다정하게 기어다닌다 농게가 손전등 아래로 모인다 농게는 붉은 집게 다리를 끼고 가는 다리로 기어다닌다 농게가 거품을 물고 있어 끓다가 꺼지고 끓다가 꺼지는

어둠을 몰아서
개흙밭에 양동이를 놓고

농게를 잡는다 개흙장갑이 만들어지고 개흙손이 된다 개흙밭에서 숨소리가 들린다 작은 구멍 위에서 물고기가 톡톡 튀며 이동한다 말뚝망둥어는 예민해요 손전등 아래로 농게는

몰려들고 얼떨결에 칠게도 잡는다 우리는 바다 한가운데서 개흙밭이 된다 게들이 눈자루를 빼고 큰 집게다리를 휘두르며 다가올 때

    더 이상 개흙밭을 벗어날 수가 없어
    한쪽 발이 빠지면 한쪽 발이 꺼지고 발바닥이 따가웠다

    손전등에 피가 고이고
    우리는 개흙을 지우며 개흙밭을 빠져나온다
    멀리서 희끗희끗 바닷물이 차오르고 있다

    농게를 항아리에 넣는다
    거품 밖으로 나가려고 거품을 문다
    간장이 끓고 있다

악어

좀 더 길게 만날 수 있겠지

죽은 언니가 볼을 잡아당길 때
나는 손톱이 터무니없이 길어지지

언니, 지금 당장 꺼져줄래

나는 잠에 빠지고
그래도 잠을 수락할래

후처의 자식은 잘 꾼 꿈같아
애써 침을 삼키며
나는 늦어도 되는 식구가 되고

그러니 주머니에 심장을 넣고
누런 이빨을 내보여야지

언니의 멜빵 치마를 베어낼 때마다 나는 가벼워진다

지연아, 지금 당장 꺼져줄래

손은 없지만
책상에 금 그을 시간은 충분한데

이맛살이 펴진 쪽은 늘 언니였다

새장

새장은 어디에 둘까

저녁마다 새장을 달았어
베란다 빨래건조대에 새장을 달았어,
손을 뻗자 새가 날아갔어

무슨 짓을 한 거니, 책을 분철하다 말고
담배 문 네가 오른발을 왼발에 기댄 채

새의 환상이 사라지고
손가락을 세어보면 언제나 모자라
유리그릇에 손을 담갔다

유리그릇이 깨진다
그래서 이제 어쩌자는 거니
깨진 조각을 치우는 네 손가락이 새 날개 같았다

펼쳐진 박제 도감 페이지에는 잘 떨어진 담뱃재가 있었다

손가락으로 들어 올리면 새가 다시 살아날 것 같다고
말하려다 그만두었다

옥양목 앞치마와 너의 줄무늬 셔츠는
곱게 마른 꽃 같아서
나쁜 냄새가 좋아서

구부러지지 않는 새끼손가락을 자꾸 구부렸다

무덤 새가 되었다

책을 덮고 문고리를 걸어야지
곰곰 생각할 필요 없어
양팔을 오므리고

눈이 매운 날은 엄마 대신
양파로 한다
양파를 썰고 눈물의 양을 측정한다

밀주 냄새가 나면
손이 저릴 때까지 울면 안 돼

엄마는 없어요

입 닥쳐, 책은 읽어 뭐하니
말하는 그 옆에서 사흘쯤 앓을 테지만
양파 때문에 비가 더디 오는 것이야

썩은 양파 때문에

누군가는 매달리지 않아야 한다

말없이 바닥을 쓸어본다
마루에는 흙 묻은 장화
활짝 열린 부엌문
엄마가 없어도 아름다웠지

무덤 새가 되는 무덤 새

맨발로 숲으로 도망간 엄마에게
책을 펼치며
오늘은, 낯선 비가 와요

너는 조용히 말해도 되지

웃으면 돼지

돼지가 웃고 있을 때 나는 내일이 궁금하다

새로 생긴 꽃집
상 위에서 절을 받는 흐뭇한 돼지는
두 귀를 북쪽에 두고 누구의 술잔 앞에서
귓불까지 환하다

스티로폼과 참치캔을 삼켰다던 남빙양의 고래 뱃속이든
미나리아파트 어귀 헌옷수거함의 참 오래된 자세든
돼지 앞에서 나는 늘 그릇된 방향 같다

어제는 철물점이었다가 오늘은 꽃집
못을 사러 갔다가 못 대신 꽃을 보면
나는 한사코 못을 잃어버린다

모르는 사람이 꿈에 나타나면
십 년 뒤에도 아는 사람처럼, 저 웃음
웃음을 뒤집어쓰고 서야 할 것 같다

어떤 웃음으로 돼지가 웃는다
서른 발자국쯤 뒤에서 무릎걸음으로 웃는다
나는 조금 더 깊어진 봄이 궁금하다

국화 분재가 웃자라는 꽃집
골목 입구부터 나는 저 웃음을
푸른 물방울무늬 모자처럼 눌러쓰고

마늘

 안드레이 이그나셰비치는 생각한다 모자도 없이 이렇게 어지러운 상태로는 마늘밭 모퉁이에 다다르기 전에 쓰러지겠구나, 오늘 마늘 뽑기 일당을 받기도 전에 쓰러지겠구나 고향에서 생각했던 이국에 대한 환상이 머릿속을 흔든다 쏟아지는 태양을 저주하다 자기 처지를 비관하기 전에 고향의 베르호얀스크의 숲속을 생각한다 눈 뒤집어쓴 나무를 기억하고 그럴 때마다 공중에서 어떤 투명한 눈 알갱이가 머리로 우수수 떨어지는 것 같아 마음을 다시 잡고는 흙 묻은 장갑으로 흐르는 땀을 닦는다 흰 티셔츠와 새로 산 나이키 운동화를 탓하는 자신보다 비 온 후 마늘밭의 흙덩어리가 자신을 괴롭힌다고 그는 생각한다 흙 범벅이 된 마늘을 뽑는다 마늘의 대공이 끊어지면 상품 가치가 없다고 밭 주인은 말하고 안드레이 이그나셰비치는 마늘을 뽑는다 마늘은 쓸모없고 오늘 처음 본 사람들 사이에서 그는 화가 난다 마늘쪽이 깨졌다 빨리빨리 외치는 십장의 짜증이 마늘을 깬다 마늘을 뽑을수록 마늘이 하얗다 속이 하얗게 보이면 상품이 아니라는데 깨진 마늘은 희고 매끈하구나 태양 아래 이곳은 마늘 아닌 것은 없고 밭은 길고 고향은 멀다 마늘은 모두 무겁고 흰 화를 매달고 있구나

마늘밭

　마늘밭 모퉁이에 키 작고 배 나온 육십 대 사람 1 밀리터리 육각 모자 속에 대머리를 감추고 쇠망치 긴 손잡이에 한쪽 팔을 기대고 마늘밭 면적을 설명하느라 식은땀을 뻘뻘 흘리는 병색이 짙은 노인을 어이없다는 듯 쳐다보는 사람 1 네네 아무 걱정 마십쇼 식은 죽 먹기죠 상대방의 이해를 구하지 않고 엄지와 검지에 담배를 끼던, 빵 부스러기를 마늘밭에 탁탁 털던 사람 1 염소수염을 턱에 매단 것 같은 탐욕스러운 뿔 감추려는 듯 잠시도 손을 가만두지 못하는 사람 1 우즈베키스탄 청년 이란 청년 노란 머리 러시아 아가씨 중국 여자를 마늘밭고랑에 세우고 마늘 뽑는 시범을 보인다며 밭고랑에서 나뒹굴던 사람 1 여자 남자 따로 구분 지어 자리를 표시해 주던 사람 1 능숙하게 사람을 잘 다룬다는 말을 꽤나 만족스럽게 하던 침 튀기던 사람 1 모퉁이에 앉아 겨드랑이털이 삐져나온 조끼 주머니에서 때 묻은 수건을 꺼내 안경알을 닦고 안경을 치켜들던 사람 1 약간의 미련도 없이 시시한 바로 여기 사람 그들이 한꺼번에 노을빛으로 사라지던 모퉁이 바로 여기

ㅁ

빈 새장을 든 오전 아홉 시에는 작별을 해야 해요

우리 식구는 모두 모여서 비를 맞고 있어요
이사하기 좋은 날이에요

침대, 소파, 고무나무 화분이 엄마 반대편으로 밀려났고요
이쪽저쪽 구분하지 못한 건 새장 탓이 아니죠

날개를 믿지 말아요, 나는 배고픈 아침에 태어난걸요
어울리지 않는 오늘을 기억해 내느라
눈이 아파요, 짐을 고르는 동안 눈이 먼 엄마는

꽃무늬 손수건을 떨어뜨렸어요
비밀은 하나씩 벗겨질수록 빛이 나요

멀어진 친구가 박쥐우산을 쓰고 등장했어요
아빠는 턱 괴던 손으로 바지춤을 올리며
나인 것처럼 내 친구에게 말을 걸었어요

안면 있는 사람은 모르는 체하고 싶은 이삿날이에요

더 이상 아빠, 새장은 트럭에 실을 수가 없어요
아니에요, 고개 숙일 필요 없어요
아니에요, 새는 죄가 없지요

새가 너무 겸손할 뿐이라고, 아니에요
그래요, 이만 여기까지예요

추락하려는 새가 아파트 지붕 끝에서 웃어요
아빠는 웃는 게임을 좋아할 뿐이에요

빨간 장미를 심으세요

모르는 사람에게도 친절한 충고가 필요하다고
엄마는 말을 해요

엄마 아빠가 헤어지기로 한 날
정말이지 겁 없이 붉은 비가 내리는데

새는 오전 아홉 시를 말해요
이제 모르는 사람을 만나면 모르는 체해요

줄광대

맨발로 줄을 밟고 서 있다
줄광대의 손에는 긴 장대 들고 있다
그 남자 어깨 위에는 여자
두 발로 서서 양팔을 벌리고 있는 여자
발아래 줄 아래
언덕 밑으로 넘실거리는 푸른 강이 흐르고
세상 밖으로 길게 그어진 강과 하늘을 잇는 검은 선
줄을 타고 있는 줄광대
언덕 위에 집 한 채
아직 돌아오지 않은 염소 떼를 기다리는 오후
헛간에는 여린 촉의 불빛
언덕 사이를 유영하는 바람
몇 개의 잠을 건넜을까
그리고 몇 개의 꿈과 구름을 건넜을까

내가 말하지 않았던가?
두 사람은 결혼했다고

함박눈 그치고

문을 열면 눈이 내리고
양털모자 쓴 누군가 골목을 지나간다

골목에는 소리 없이 쌓이는 것뿐
발자국 위로 눈이 눈 위에 눈이 쌓인다

카페엔 이제 막 불빛이 들고
주방 포트는 끓고
삶은 행주에서 김이 모락모락 오른다

투명한 컵을 포개면
투명한 고요가 쌓이는 그런 오후
가위와 거품기와 초코쿠키 케이크
체크무늬 흔들의자

창문으로 들어오는 눈송이
우산을 접고 어디론가 바삐 걷는 사람들

흐릿한 창문 너머로 보이는
세탁소 담쟁이
빈 화분

카페 유리창 안쪽으로 물방울이 하나둘 모인다
그럴 땐 문밖으로 나가 눈을 치운다

함박눈 그치고

골목 끝에서 피곤을 어깨에 둘러멘 남자가 걸어오고 있다
신발코에 눈 소복이 매달고

양말

잃어버린 양말을 찾아요
양말을 찾다 보면 오전과 오후가 바뀌고
잃어버린 양말을 찾다 보면
닳은 양말을 닮은 양말로 기억하게 되고
서랍장을 뒤집어 보아요
태어나서 우리는 몇 개의 양말을 신을까 생각도 해보아요
양말을 걷다 양말로 죽는 걸까요
어제 그대로인데
잃어버린 양말은 난데없이 나타나기도 한다는데
닮은 양말이 다른 양말일 수 있잖아요
무늬만 닮고 길이가 다른
생각은 다른데
우린 많이 닮았다는 소리를 들었잖아요
잃어버린 시간 때문인가요
황주까막노래기에도 짝 양말이 있을까
그이에게 물어본 적 있어요
양말에도 짝이 있다, 돌돌 말아
양말 상자에 넣으며 나는 중얼거린다

짝짝이 양말 신은 사람을 봤다고 내가 말할 때
그이는 그런 짝은 어디에도 쓸모가 없지
절지동물문다지아문배각강으로 분류를 하고는
젖은 양말을 건조대에 널었어요
편백나무 구름이 우리 집 창문 앞에 와 있어요
동종이형 이야기도 아닌데
짝짝이 양말을 잃는 아침
닮은 양말을 구분하지 않아도
닮은 슬픔 그대로
서랍은 뒤집을 수 있어요

○

새알을 삼키고 나서 멀리 보는 눈을 가졌다

우리는 종종 산으로 올라 손등에 커피를 쏟았고
바위에서 추락하는 그의 버릇을 익혔다

새들은 얼룩무늬를 잊지 않기 위해서 서로의 깃털을 뽑았고
우리는 그것으로 우리가 만난 천 일을 기념했다

깃털을 입지 못한 우리는 바위에 누워 새의 알몸을 그렸다

기념일에 부르는 노래는 새 떼를 숨겼고
검은 점은 우리들의 어깨 위에서 새롭게 이어졌다

등이 반쯤 파인 땡땡이 원피스를 입은 오후는
구름 속에서 새의 얼굴을 보여주었다

우리는 거기서도 보이지 않는 눈을 가지고 있었다

제4부

종이상자 K

 늦은 봄 너에게 멜론을 보낸다 아주 멀리 떨어져 무슨 말을 해도 들리지 않는 푸르기만 한 봄 금박무늬가 알아들을 수 있는 너의 머리카락은 빛이 나고 오전엔 비가 왔다고 쓰다가 사라진 너의 주소를 써 붙이지 않아도 늦어지는 너에게 도착해야 할 텐데 한낮 그 안에서 축축하고 슬픈 눈 감으면 다시 내리는 빗속에서 그런 마음도 모르는 상자를 옮기려는데 상자 가운데쯤에서 흩어지는 멜론을 바라본다

멜론이 그러하다

멜론을 하시겠어요?

멜론 맛을 결정하는 무늬에 대해서
비에 젖는 사람과 비에 젖지 않는 사람을 구분하는 일이
실은 멜론 깨기라는 것에 대해서

너는 다시 다른 날과 마찬가지로
멜론에 대한 편견이 없다

너는 저물고 있는 멜론을 사거나
멜론을 편애하지 않는다

멜론은 냄새를 풍기는 자이고
멜론은 늘어선 가게 안에도 있다

멜론을 한번 보게 되면 꿈에 보이고
나의 멜론이 그러하다

멜론을 자주 찾으면
멜론을 만나지 못한다고
너는 여전히 너로부터 시작한다
멜론을 하기엔 탁자 위에 멜론이 어제 같다

네가 멜론을 기억한다고 할 때
내가 꿈을 꾸지 못할 때
나는 정지하는 것에 정신이 팔려 있다

나와 다르면 다를수록
나는 멜론을 믿는다

나는 찌르르 멜론을 한다

쇼룸

그때 취소를 한 것이 잘못된 것 같고
쇼룸에서 입어 본다는 것이
무엇이 얼굴을 가린다고 생각한 것이
잘못된 것 같고
다시 입어봐야 할 것 같아서
옷을 갈아입어야 할 것 같아서
더 많은 팔과 다리가 필요한데
주머니에 손을 넣자 팔이 쑥 빠지던걸요
일몰 무렵 노천카페에서
아이를 잃어버린 여자 닮았어요
취소한 것이 잘한 것이라고
취소되려고 그리 된 것 같아
스윙 스커트가 종아리를 토해낸다
취소의 기분으로
옷을 갈아입으려고 들어온 것이
무슨 문제인가
몸이 진열대로 나왔으면 좋겠어
잘 맞니, 옆모습을 보아도

취소는 잘한 일이야

무엇이 취소하는지

마린룩, 뉴실크로드룩, 개츠비룩이 있어요

무슨 옷을 입을까 망설인다

무슨 옷을 벗을까 망설인다

쇼룸이 문제야

누가 안간힘을 쓰고 있다

취소하지 않으려고

오늘의 요리

창밖에 눈이 내리고 수제비는 끓고 있어요

TV 화면 가득 복어 학꽁치 도화돔 같은
이제 막 바둥거리는 것들
지느러미가 지느러미끼리 미끄러지며 수제비가 끓고 있어요

근사해 보인다 생방송이라 그래

TV를 보면서 냉장고를 연다 호박 당근 양파를 꺼내고 그릇에 밀가루를 넣고 물을 붓는다 반죽은 오래 밟고 오래 두드려야 한다고 네가 말하는 동안

오늘의 요리, TV 방송은 계속된다 꽃무늬 재킷을 입은 방청객이 손뼉 치며 웃으면 모두 따라 웃는다

멸치 육수가 주방에서 끓고 있다 발효 밀가루를 한입 크기로 얇게 펴 냄비에 넣는다 육수가 넘친다 수제비가 헤엄칠 때

반달 모양 호박과 당근을 넣는다 오늘의 요리가 당실당실 떠오른다 흰 에이프런을 두르고 거품 속에서 거품을 건져낸다

   대파를 어슷어슷 써는 동안 수제비가 펄펄 끓는다 수제비가 냄비 밖으로 튀어나온다

   복어 학꽁치 도화돔
   달아난 수제비를 찾아요, 냄비 위독, 모든 걸 용서한다 광고라도 내야 하지 않겠니 우리는 에이프런을 다시 매고
   수저와 젓가락을 상 위에 놓고는
   부드러운 대파가 있는 부드러운 수제비를 먹는다 입김이 퍼진다

   수제비를 먹는 사이
   함박눈이 그쳤다

저기요, 알감자

 알감자를 굴린다 오후 두 시에 구르는 것은 모두 알감자 눈이 작은 눈들이 서식하는 저기 저, 알감자 십 분 전에도 알감자인 알감자, 미리 알감자가 되고 싶은 알감자 여전히 알감자인 알감자 호주머니를 뒤지면 막무가내 빠져나가는 알감자 막돼먹은 알감자 알감자를 굴린다

 사거리 사철목욕탕 검은 굴뚝처럼 오래 생각하는 알감자 오후의 태엽을 감고 온, 저기요 알감자 귀달이 모자 쓴 알감자가 안양천까지 굴러가고

 알감자와 학교에 갔다 서른여섯 살의 노간주나무를 지나 자전거 거치대에 망가진 우산처럼 처박힌 자전거 바큇살을 지나 교실 문이 열렸다 히스테릭 선생님은 어제 교탁에 심어둔 알감자가 없어졌다는 걸 벌써 눈치챘다 모두 책상 위에 올라가 무릎을 꿇어라, 어디선가 바람이 불었다 창틀에 무당거미처럼 매달린 알감자 배를 잡고 고꾸라지면서 모래알 대신 운동장을 굴렸다

왕십리에 답십리에 눈이 쌓인 그런, 오후 나는 오후 두 시의 알감자 눈 작은 눈들을 데리고 구르는 나는 푸른 알감자 여덟 개의 계단을 오르거나 스무 개의 계단을 내려오는 알감자 수천 개의 발걸음을 가진 두족류처럼 발이 많은 알감자 알감자를 지우고 알감자를 지우면서

　알감자는 어디에든 고여 있을 것 같다 하늘 한쪽에서 내 아픈 왼쪽 어깨가 사라졌다 알감자 속처럼 알감자가 보이지 않는 어느 오후의 하늘 파랗게 고인 알감자들

사라세니아 푸푸레아

수요일의 날씨에 귀를 대면
이내 오렌지가 익었다
무슨 소리가 들리지 않아?
가로세로 귀 얇게 펴고
사라세니아 푸푸레아
그가 오렌지를 따라가고 있었다
발소리를 듣는 동안 자라는 골목
팔과 다리를 하나씩 떼어 귀에 걸고
물방울을 머금은 토란잎과
어쩌다 담배 연기 머금고 있을 때도
사라세니아 푸푸레아
그는 오렌지를 따라가고 있었다
산벚나무가 사방에서 그를 지켜보고 있었다
이십 년 후까지 내다보고 있었다
수요일의 날씨에 귀를 대고
시침질해야 하는 이유다
침상 옆 서랍을 열어보세요
사라세니아 푸푸레아

우산을 접은 그가 걸어오고 있다는
메시지는 도착하지 않았다
지금도 오렌지를 따라가고 있겠지
그녀는 닭고기 만두를 빚고
오렌지 머랭파이를 굽는다
애너하임 동쪽 오렌지카운티
오렌지니까,
빈틈없는 오렌지니까
사라세니아 푸푸레아
사람인 적 있는 어떤 귀니까

모서리

모서리가 공을 잡고 있다
공이 벽으로 쌓여 있다
벽이 모서리에 머물러 있다
더 이상 물러날 수 없는 순간이 여기 있다
머물러야 할 내일이 여기 있다
벽은 공의 사각 프레임
벽은 공이 숨 쉴 공간
공은 벽 속에 내일을 넣는다
튀어 오름을 넣는다
전속력으로 달려오던 벽이 모서리에 모인다
모서리는 힘이 세다
바람도 모서리에서는 쉬 넘어진다
모서리에 부딪힌 벽
주저앉은 공
공이지만 공이 아닌 공
튀어 오르지 못한 공이 모서리에 있다
그가 여기 있다
그가 벽처럼 달려와 모서리에 있다

얼마나 고대하던 순간인가
더 이상 머무를 수 없는 그는
그를 던진다
모서리를 통과한 그가 저기 보인다

먼저 나는

생강나무 꽃은 노랑을 뚫고 나와서 노랗다
노란색을 보면 생강나무 향이 노랗다

어제 공기는 노랑
오늘은 노랑 공기 앞에 또 노랑 공기

공원 울타리 개나리는 턱없이 모자라고
비가 와서
캄캄한 어깨가 비켜선다 한쪽으로 쏠리는 캄캄한 내 몸이 드러난다

젖은 공원이 젖은 공원 옆에서 서성거린다

모르는 네가 모르는 나와 모르는 우산을 쓰고
걷고 있었다 말 없는
식구가 생긴 것 같다 닮았다는 말은 서로 하지 않는다

우산을 접어 의자에 기대 놓았다 우산과 의자 사이에

물웅덩이가 생긴다

의자가 젖은 속을 지우고 있다
어제 비가 어제 비를 따라다닌다

비에게도 인사를

누가 단풍나무숲 구름 떼를 몰고 온다
누가 조용한 나뭇가지를 흔들고 있다

나는 전철을 타고 있는데
한강 줄기를 배경으로 앉은 당신과
밤섬을 배경으로 앉은 나는
마주 보면 초면인 사람

오래전 사무실 뒷문으로 찾아와
되찾아가지 못한 눈물과
십 년 후 인사를 미리 받아간 사람

누가 지금 십 년 전의 인사를 하고 있다

단풍나무 숲을 통과한 비가
내게 말을 걸던 그날처럼

전화도 없이

우산도 없이

당신이 지나간 창문 밖에는
내게 필요한 중력들이 쏟아지고 있다

물에 핀 프리지어가 있는 오후

내가 문턱을 지나갈 때 봄은 눈을 떴지

내가 그이의 문턱을 지나갈 때 프리지어는
꽃 피웠고 망울은 짐작으로 가능했지

그이는 프리지어를 이해했고 나는 웃었지
나는 그이를 잘 볼 수가 없어, 내 집은 컴컴한 저녁이었고

그이는 꽃을 들고 있으니까
그럴 거라고 생각했어

아무것도 없는 집에서는 아무것도 안 해도 돼

그렇게 시작된 봄이야

늘 그래왔던 것처럼
내가 문턱을 지날 때마다 그이는 올 것이라고
상상한 것이,

그이와 새 떼와 하늘이 지금 거기
꽃을 피게 된 것이라고 생각했어

숲을 돌아 나오면 모서리가 보이던 흰 벽돌집 창 아래
헤어진 그이를 기억해

겨우 프리지어만 남기고

서해에서 일박

  서해 바다를 배경으로 사진을 찍는다
  해가 수평선에 걸렸다
  우리는 의자에 앉아 수평선을 목에 걸고 태연하게 사진을 찍는다
  후광을 받으며 검은 줄에 매달린 것

  턱걸이에 걸린 우리는 수평선에 매달린 둥근 호떡을 먹고
  찐득한 입술을 핥는다
  설탕 속의 시간은 물렁거리다가 딱딱해진다

  나는 검은 줄을 샀다
  수평선처럼 이곳에도 저곳에도 속하지 않은,
  단박에 숨통을 제거할 수 있는 질기고 곧은 줄을 샀다
  처음에는 내 것이고 나 혼자 쓸 수 있었다

  그것으로 줄넘기도 했고
  칼처럼 쓱 그어도 보았다
  비가 왔다 갈 때에는 돌돌 말아 책상 서랍에 두었다

처음에는 짧은 줄이었으나 조금씩 길어지기 시작했고
아마 그때였던 것 같다 아이들이 왔을 때

아이들이 몰려와 긴 줄을 늘려 땅 위에 놓았고
검은 줄은 울타리가 되었다
새를 키우는 새장도 되고 꽃을 심는 꽃밭도 되었다
빨랫줄에서 젖은 옷은 마르고
바닷바람은 어김없이 찾아왔다

물결은 테두리에서 출렁대곤 했지만
수평선 위에 고래 이빨은 걸어두지 않았다
우리가 온전한 것은 우리의 어장을 지켜주는
검은 줄이 있어서인지도 모른다

늙어가는 검은 줄을 위로한다
늘어진 속옷을 입고 검은 줄에 대한 생각으로
환히 불을 밝히고

열대야

  무더위를 생각하다가 얼음을 잊을 뻔했다 나는 상점에 가려고 골목을 나선다 얼음을 사야지 생각하고는 삼층 빌라가 빽빽하고 골목이 휘청거리는 것은 어젯밤 누가 울었기 때문이라 생각한다 늙은 개가 지나간 것 같았으나 나의 한쪽 발이 맨발이었고 돌아보니 벗겨진 신발이 뒹굴고 있다 나는 신발을 바라본다 구두 같지만 구두가 아닌 것 슬리퍼 같지만 슬리퍼도 아닌 것 검버섯이 많아졌기 때문이 아니다 천문학 교수가 아니어서 아니다 나는 나보다 늙어 보여서 이젠 신발을 사야겠다 하고 구멍 난 신발을 발가락에 걸치고 상점으로 간다 아이들을 가르칠수록 배울 것이 없어서 더 이상 기억할 필요는 없지 않은가 상점 벽에 기대어 구름을 바라보다가 죽기 전에 상점을 사야지 상점에서 검은 우산을 산다 열 받는 여름이네 뭐 이게 진짠가, 나는 혼자 중얼거린다

해설

파열의 언어, 혹은 비대칭의 시학
— 송미숙 시집 『멜론을 하시겠어요』 읽기

오민석(문학평론가·단국대 명예교수)

1.

레오나르도 다빈치의 〈비트루비안 맨〉(c. 1490)은 대칭(균형)을 최고의 아름다움으로 간주하는 르네상스 미술의 정수를 보여준다. 다빈치는 인체를 완벽한 황금비의 기하학적 도형으로 재현함으로써 지구상의 모든 존재의 궁극적인 아름다움이 한 치의 오차도 없는 대칭(symmetry)에 있음을 보여주었다. 르네상스 시대의 이런 미적 관점은 세계가 설명이 가능한 대칭적 질서로 구성되어 있다는 확실한 신념의 표현이었다. 대칭을 이처럼 절대적인 미의 기준이자 세계의 본질적인 질서로 이해하는 방식은 낭만주의 시대까지 계속 이어진다. 영국 낭만주의 1세대 시인인 윌리엄 블레이크(W. Blake)는 「호랑이(Tyger)」

(1794)라는 시에서 절대적인 대칭의 아름다움을 다음과 같이 묘사하였다. "호랑이 호랑이, 밤의 숲속에서/밝게 불타오르는 눈빛이여/그 어떤 불멸의 손이나 눈이/그대의 무시무시한 대칭의 틀을 만들어낼 수 있었을까?" 인간의 인체나 자연 내부에 절대적인 질서가 존재한다고 가정하고, 그것의 미적 발견을 진리 인식과 동일시했던 이런 전통은 서양에서 대략 19세기 중반까지 이어진다. 19세기 중후반에 이르러 인상주의를 대표하는 화가이자 근대 미술의 선구자 중의 한 명인 에두아르 마네(E. Manet)는 대상을 이상화하고 절대시해 온 고전적이며 전통적인 르네상스의 화풍을 거절하였다. 그는 빛의 움직임에 따라 눈앞에 생생하게 살아 있는 표정의 자연과 인물들을 그려냈으며, 그가 화폭에 옮긴 대상들은 전통적인 의미의 규칙성이나 대칭성과는 거리가 먼 것들이었다. 그는 규칙성 대신에 불규칙성을, 대칭성 대신에 비대칭성이 더욱 현실에 가깝다는 사실에 주목하였다. 그는 말했다. "자연 속에 대칭이란 존재하지 않는다. 한쪽 눈은 다른 쪽 눈과 결코 정확하게 똑같지 않다. 우리 모두는 다소 굽은 코와 불규칙하게 생긴(균형이 맞지 않는) 입을 가지고 있다." 모더니스트인 피카소 단계에 오면 전통적 대칭의 개념은 깨진 거울처럼 무너진다. 세계는 점점 더 비대칭의 혼란스러운 결합으로 이해되기 시작한다. 세계가 완벽한 질서와 대칭, 균형과 구조로 이루어져 있으며 그것들의 지배를 받는다는 믿음들은 근대 이후 더욱 큰 회의에 직면한

다. 탈(후기) 근대에 이르러 구조적 결정성의 개념은 거의 완파되기에 이르며 이론가들은 구조라는 절대적 중심 대신에 탈중심화된 구조를, 결정성 대신에 비결정성의 개념을 더욱 신뢰하게 되었다.

  송미숙 시인의 시적 담론은 이런 점에서 탈근대적인 것의 어떤 극점에 가 있으며, 그녀의 시들은 전통적 서정시나 리얼리즘적 세계 인식과는 거리가 멀다. 그녀는 세계가 논리나 인과관계로 이해될 수 없으며 설명 불가능한 무수한 블랙홀로 이루어져 있다는 사실에 주목한다. 그녀가 볼 때, 세계가 혼란스러운 것은 그것에 신뢰할 만한 질서가 부재하기 때문이며, 대칭이나 균형의 개념으로 그것을 설명하는 것이 더 이상 불가능하기 때문이다. 세계가 탈논리적이고 비대칭적이며, 필연성이 아니라 우연성의 지배를 받는다는 생각은 넓은 의미에서 비극적 세계 인식의 한 양상이다. 그녀가 빚어내는 시의 창문엔 이런 비극과 슬픔과 눈물이 빗물처럼 어려 있다.

    예쉐렌은 가방을 살펴보고 있다
    시먼역에 도착해서 제일 먼저 가방 가게에 들어와
    이번에는 제일 맘에 드는 가방이 들어왔을까 기대를 하
  고

    …(중략)…

예쉐렌은 가방에 마음을 두고 있지만 이름을 새기기 전
에 망설였다
그 가방으로 여행하기에는 고향으로부터 너무 멀리 왔고
그 가방으로 학교에 가기에는 너무 늙어서

…(중략)…

예쉐렌은 여행이란 아무 쓸모가 없다고 생각한다
그래서 시먼역을 떠난 적이 없고
예쉐렌은 학교에 다녀본 적이 없다

예쉐렌 대신 그의 아내가 여행 가방을 들고 떠나고
예쉐렌 대신 그의 아들이 여전히 학교에 다니고 있다
—「예쉐렌의 가방」 부분

낯선 이름이 등장하고 있지만, 이 작품은 세계가 어떻게 비대칭으로 움직이는지, 그리하여 주체의 욕망과 세계가 어떻게 번번이 어긋나는지를 잘 보여준다. 대칭의 세계는 동일한 무게와 크기의 짝패들로 이루어져 있다. 수요가 있는 곳에 그에 상응하는 공급이 있고, 공급이 있는 곳에 같은 양의 수요가 있는 곳이 대칭의 세계이다. 위 작품에서 "예쉐렌"은—그

이유를 알 수 없지만—가방에 탐닉하고 있다. 예쉐렌이 속해 있는 문화적 맥락에서 가방은 여행 혹은 학교와 관련된 사물이다. 그러나 예쉐렌은 한 번도 학교에 다녀본 적이 없고, 이제는 그의 아들이 학교에 다니고 있다. 그러므로 가방이 필요한 사람은 그가 아니라 그의 아들이다. 예쉐렌은 "여행이란 아무런 쓸모가 없다고 생각한다". 그는 가방이 필요 없다. 그러므로 지금 가방이 필요한 사람은 그가 아니라 여행을 떠나는 그의 아내이다. 말하자면 그는 필요 없는 것을 절실하게 욕망하고 있고, 이것이 그의 모순적 '실존'의 상태이다. 그는 쓸데없는 것을 욕망하므로 그것의 소유가 그의 욕망을 해결해 주지 않는다. 어쩌면 그는 그가 정말로 필요로 하는 것의 '메타포'를 욕망하고 있는 것인지도 모른다. 그러므로 그에게 가방은 가방 자체가 아니라 가방과 유사성을 갖고 있는 다른 무언가일 수 있다. 생각해 보라. 가방엔 학용품이나 여행용품이 아닌 다른 것들도 얼마든지 들어갈 수 있다. 그는 학교에 다니거나 여행을 가진 않지만, 무언가 집어넣고 닫을 수 있는 물건, 즉 가방의 유사품을 절실히 욕망하고 있다. 그것은 사라져 다시는 회귀할 수 없는 어머니의 자궁일 수도 있고, 자기만의 은밀한 폐쇄 공간일 수도 있으며, 금기의 성적 대상일 수도 있다. 그런데 그를 압도하는 것은 내부의 욕망이 아니라 사회의 지배적 가치로서의 에피스테메(episteme)이다. 가방은 오로지 학생이나 여행객에게나 필요한 것이지 그 외의 쓸모를 가지고 있지 않다는 생각은 상징계를 지배하는 배타적 법칙이다. 그것은 욕망을 억압하는 대문자 아버지의 법칙(Father's Law)이자 초자아(super-ego)의 언어이다. 그렇다면 이 작품은 균형이나 대칭을 끊임없이 위협하는 욕망에 관한 이야기이고, 자아–초자아와 본능–욕망이 어떻게 매번 비대칭적으로 어긋나는지, 그래서 세계가 사실은 질서가 아니라 혼란의 도가니라는 사실을 보여준다고 할 수 있다.

2.

송미숙이 볼 때 세계는 사회적 가치와 자아의 욕망으로 분열되어 있다. 그녀가 볼 때, 그곳엔 대칭과 균형의 질서가 부재하다. 자아와 세계는 탈균형, 비대칭의 수많은 구멍들로 이루어져 있다. 자아는 충족되지 않는 욕망의 공간을 가지고 있으며 그것은 이 시집에서 자주 '가방' 혹은 '상자'로 은유화 된다. 총 4부로 이루어진 이 시집은 각 부의 첫 작품을 모두 '종이상자 연작시'로 배치하고 있으며, 1부에 나오는 여러 편의 시는 '가방'을 소재로 하고 있다. 상자나 가방은 프로이트 정신분석학에선 주로 여성의 성기 혹은 어머니의 자궁을 대체하는 물건들로 이해된다. 이 시집에서 상자들은 자아의 내밀한 욕망이 보존되거나 숨겨져 있는 공간이며, 상징계의 전형적 지배에 저항하는 에너지의 공간이다. 그것들은 세계를 동일성의 시스템 안에 통합하려는, 그리하여 세계를 무자비한 대칭의 질서로 몰아넣으려는 힘을 무력화하는 무수한 블랙홀들이다.

> 가방 속으로
> 가방이 들어온다
>
> 가방을 열어보면
> 가방이 있다
>
> 저기요,
>
> 괜찮아요?
>
> ─「우울」전문

  가방 안엔 다른 가방이 있다. "가방 속으로/가방이 들어온다". 가방은 가방 안에 무수한 다른 가방들을 생성하므로 그 어떤 것으로도 고정할 수 없다. 가방은 상징계를 벌집처럼 뚫어놓은 구멍들이다. 그것은 어떤 동일성으로 포획할 수 없는 무수한 다른 것을 그 안에 계속 생성한다. 가방의 욕망 때문에 세계는 대칭의 세계로 통합될 수 없다. 대문자 아버지의 법칙은 가방의 리좀(rhyzome)적 연쇄 때문에 대칭의 시스템을 만

드는 데에 계속 실패한다. "우울"은 그 어떤 동일성도 부재한 공간에서 주체들이 겪는 보편적 정동(affect)이다.

선글라스가 들어 있는 핸드백은 아니야

어디에 두었는지 모르는
지퍼가 있는

갈색이고 손잡이가 두 개인
손잡이가 죽은 토끼처럼 늘어져 있는

나를 버린 아빠가
이탈리아에서 사 온 조그만 반달

네 아빠는 죽은 거니?
죽어 버리라지

학원 선생을 만나러 출입문을 열었을 때
낡은 구두보다 먼저 들어온 가방

가방을 찾는다

너무 늦게 엄마를 찾는다

…(중략)…

고개 숙이면
소파가 젖는다

그러니까 눈물에서 가죽 냄새가 난다는 말입니까
간호사가 나를 부르는 것 같아

유리창이 흐려진다
―「추락하는 가방」 부분

　가방은 화자의 기억 어디에나 있다. 그것은 아버지와 어머니와 '나' 사이에 있는 그 무엇이며, "두 개인/손잡이가 죽은 토끼처럼 늘어져 있는", 대칭의 구도가 이미 무너졌거나 죽은 대칭의 세계이다. 그것은 '아버지 죽이기'("네 아빠는 죽은 거니?/죽어 버리라지")와 연관되어 있는 공간이며, 그런 점에서 동일성의 질서를 거부하는 욕망의 공간이다. 그것은 "나를 버린 아빠"를 기억하는 공간이며, 규율과 욕망이 갈등하는 자리이고, 계속해서 그 어떤 위협으로부터도 안전이 보장되는 공간이어서 화자가 계속 찾을 수밖에 없는 공간이다. 시인은 "가방을 찾는다"는 바로 다음 행에서 이 문장을 "너무 늦게 엄마를 찾는다"로 바꾼다. 그러므로 시인에게 '가방'은 '어머니'의 은유이고, 잃어버려서 계속 찾고 있는 무언가이다. 시인은 그것을 계속 추구하고 그것은 손에 잡히지 않은 채 계속 "추락"한다. 시인에게 슬픔이 있다면 그것은 어머니라는 '가방'에 대한 기억 때문이고, 그것에 대한 욕망이 채워지지 않기 때문이다. 대신에 시인은 눈물로 흐려진 "유리창"을 통해 가방이 계속 추락하는 것을 볼 뿐이다. 그 추락의 깊이가 시인의 슬픔의 깊이이다.

3.

라캉(J. Lacan)은 프로이트와 소쉬르(F. de Saussure)의 이론을 입맛대로 잘 뒤섞은 후에 무의식이 언어와 같은 구조를 갖고 있다고 결론을 내렸다. 이 말을 뒤집으면 언어 역시 무의식과 같은 구조를 갖고 있다는 말도 성립된다. 무의식이 의식 아래에서 끊임없이 분열되듯이, 욕망이 동질성의 명령을 끝없이 위반하듯이, 기표는 무수한 기의로 분열되고 기의 아래에서 계속 미끄러진다. 기의와 기표 사이에는 그 어떤 대칭성이나 필연성도 존재하지 않으며, 이들 사이의 우연한 접합이 있다면 그것은 근본적으로 자의적인 것이다. 송미숙은 많은 시편에서 무의식의 언어가 비대칭적으로 작동되는 방식을 보여준다.

멜론을 하시겠어요?

멜론 맛을 결정하는 무늬에 대해서
비에 젖는 사람과 비에 젖지 않는 사람을 구분하는 일이
실은 멜론 깨기라는 것에 대해서

너는 다시 다른 날과 마찬가지로
멜론에 대한 편견이 없다

너는 저물고 있는 멜론을 사거나
멜론을 편애하지 않는다

멜론은 냄새를 풍기는 자이고
멜론은 늘어선 가게 안에도 있다

멜론을 한번 보게 되면 꿈에 보이고
나의 멜론이 그러하다

멜론을 자주 찾으면
멜론을 만나지 못한다고
너는 여전히 너로부터 시작한다

멜론을 하기엔 탁자 위에 멜론이 어제 같다

네가 멜론을 기억한다고 할 때
내가 꿈을 꾸지 못할 때
나는 정지하는 것에 정신이 팔려 있다

나와 다르면 다를수록
나는 멜론을 믿는다

나는 찌르르 멜론을 한다
　　　　　　　　　　—「멜론이 그러하다」 전문

　언어가 어떻게 무의식처럼 작동하는지를 자세히 보기 위해 짧지 않은 시의 전문을 인용한다. 첫 문장은 이 시집의 제목이기도 한데, 도대체 '멜론을 한다'는 것은 무엇인가. '~을 한다'라는 타동사 어미와 잘 연결되지 않는 목적어 '멜론'을 의도적으로 합체함으로써 송미숙은 무의식의 언어적 작동법을 효과적으로 보여준다. '멜론을 한다'는 기표에 상응하는 기의들은 문자 그대로 끝없이 다양하다. 그것은 "멜론 맛을 결정하는 무늬"에 대한 궁구일 수도 있고, "멜론 깨기"를 "비에 젖는 사람과 비에 젖지 않는 사람을 구분하는 일"과 연결하는 것일 수도 있다. 멜론에 대하여 '너'와 '나'는 얼마든지 유사하거나 혹은 다른 견해를 가질 수 있고, 멜론은 "냄새를 풍기는 자"라고 정의할 수 있지만, 동시에 "늘어선 가게 안에도 있"는 것으로 정의할 수도 있다. 멜론이라는 기표에 상응하는 기의는 너무나 다양하여 이것들의 대칭은 영원히 지연된다. 대칭은 하나의 기표가 오로지 하나의 기의를 가질 때만 성립된다. 그러나 욕망과 무의식의 세계, 그리고 언어의 세계에서 그런 일은 절대 일어나지 않는다. 그러므로 "멜론이 그러하다"라는 제목(기표) 아래 시인이 열거할 수 있는 기의들은 위 작품에 열거된 것들 외에도 얼마든지 더 있다. 그리고 그 다양한 기의들은 동일한 기표를 갖고 있다는 사실 외에 아무런 유사성도 공유하지 않는다. 이 시는 그런 끝없이 다양한 기의들 중의 일부를 나열하고 있다. 시인은 멜론을 냄새와 관련하여 설명하기도 하고, 가게라는 공간과의 관계에서 설명하기도 하며, 편견이나 편애와 관련하여 묘사하기도 하고, 꿈과 연관하여 설명하기도 하며, '찾기'와 '만나기'라는 개념 혹은 '나'와 '너'의 관계라는 맥락에서 설명하기도 한다. 시인은 또한 멜론을 시간("어제")과 관련하여 이야기하기도 하고, 멜론을 '믿거나' 혹은 '한다'는 타동사와의 관련 속에서 설명을 하기도 한다. 그리고 이 모든 설명의 기의들은 서로 아무런 관련이 없다.

하나의 기표 아래 이렇게 무수히 다양한 기의들을 나열해 나갈 때 분열된 욕망이 그것에 상응하는 파열의 언어로 나타나기 시작한다. 그러므로 어떤 동일성의 끈으로 이 이질적인 문장들을 묶으려는 모든 시도는 무의미하다. 왜냐하면 그것들은 애초부터 이항 대립물들의 대칭성과 동일성을 부정하기 위해서 나열된 것들이기 때문이다. 바로 여기에서 송미숙의 시를 읽는 길이 열린다. 그녀의 시를 인과관계에 충실한 리얼리즘의 문법으로 읽을 때, 그녀의 시들은 때로 독해 불가능한 난해성의 벽처럼 느껴질 수도 있다. 그러나 이 대목에서 독자들은 프레드릭 제임슨(F. Jameson)이 아도르노(T. Adorno)의 난해한 문체를 언급하면서, 그의 난해성이, 그의 문체가 갖는 밀도가, "그 자체 비타협적인 태도의 산물"이며, "현실의 값싼 쉬움에 맞서 진정한 사고를 하기 위해 독자들이 치러야 할 대가"라고 경고한 것을 기억할 필요가 있다. 송미숙 시의 난해성은 값싼 대칭의 질서에 맞서 비대칭의 세계를 탐구하는 파열의 언어 때문에 생겨나는 것이며 그 자체로 비대칭의 현실을 보여준다. 그러므로 그녀의 문장들을 로고스의 사슬로 엮으려는 모든 시도는 실패할 수밖에 없다. 그것들을 비대칭과 파열의 상태 그대로 읽을 때, 그녀의 시들은 의미의 풍요로운 문을 연다.

시인동네 시인선 243

멜론을 하시겠어요
ⓒ 송미숙

초판 1쇄 인쇄	2024년 11월 15일
초판 1쇄 발행	2024년 11월 22일
지은이	송미숙
펴낸이	김석봉
디자인	헤이존
펴낸곳	문학의전당
출판등록	제448-251002012000043호
주소	충북 단양군 적성면 도곡파랑로 178
전화	043-421-1977
전자우편	sbpoem@naver.com

ISBN 979-11-5896-672-0 03810

*이 책의 판권은 지은이와 문학의전당에 있습니다.
*양측의 서면 동의 없는 무단 전재 및 복제를 금합니다.
*잘못 만들어진 책은 바꿔드립니다.